KB199497

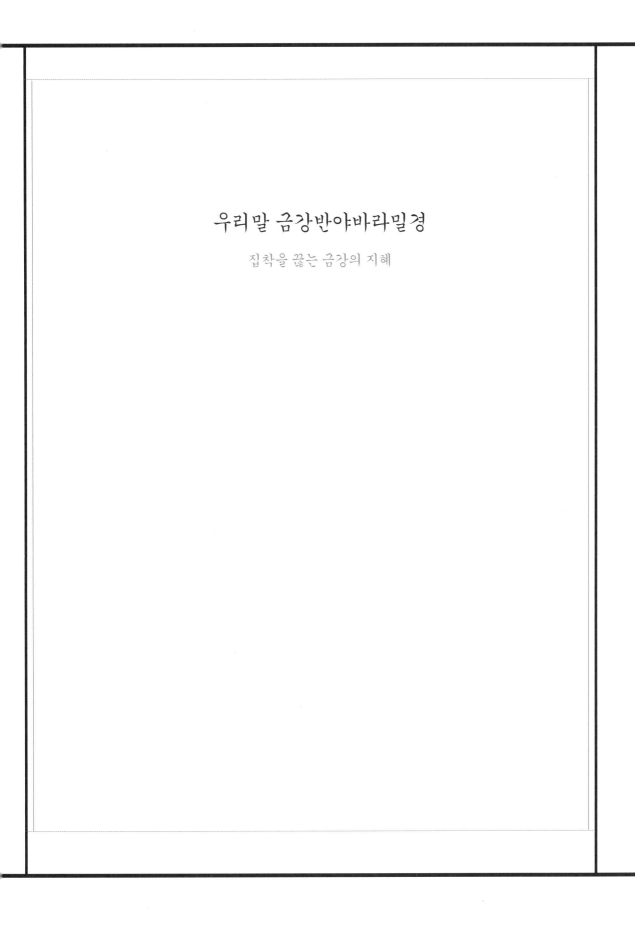

우리말 금강반야바라밀경

집착을 끊는 금강의 지혜

우리말

금강반야바라밀경

도서출판 법공양

집착하는 모든 현실 꿈과 같으니

절에 가서 부처님께 예불을 올리고 『금강경』을 열심히 독송하며 정성을 다해 기도하는 불자들의 모습은 참으로 아름답습니다. 한 가지 아쉬운 점이 있다면 독송을 통하여 부처님의 뜻을 바르게 알고 기도하시는 분들이 그리 많지 않다는 것입니다.

이는 독송하는 내용들이 대부분 평소 생활에서 익숙하지 않은 한문으로 되어 있기 때문에 일반불자로서는 따로 깊이 있게 불교를 공부하지 않고서는 그 뜻을 이해하기가 쉽지 않은 까닭입니다.

그래서 그간 『원각경』『법화경』『대승기신론 소·별기』『육조단경』『서장』『선요』 『선가귀감』 등 여러 경전과 어록을 우리말로 옮기면서 의식에 많이 쓰이는 '예불문' 이나 경전들도 하루 빨리 우리말로 알기 쉽게 뜻풀이해야 되겠다는 마음을 갖게 된 것이 인연의 씨앗이 되어 『금강경』을 번역하게 되었습니다. 부처님의 가르침을 제대로 이해하고 독송할 수 있어야 그 분의 세상을 바로 깨달아 들어갈 수 있기 때문입니다.

이 책에서 부처님이 "이 경이나 이 가르침 속에 있는 네 구절의 게송만이라도 설하는 곳이 있다면, 마땅히 여기는 모든 세간에 있는 하늘의 신이나 인간 아수라 등이 부처님이 계시는 절이나 탑처럼 받들어 공양 올려야 할 곳임을 알아야 한다." 말씀하신 까닭은, 이 경전이야말로 시비분별로 집착하는 중생의 생사윤회를 끊고 부처님 세상으로 들어가는 지름길이 되기 때문입니다.

지극정성으로 『우리말 금강반야바라밀경』을 독송한 아름다운 인연으로 오는 세상에서 모든 중생과 함께 성불할 수 있기를 바랍니다.

一切有爲法	집착하는 모든 현실 꿈과 같으며
如夢幻泡影	그림자나 허깨비와 물거품 같고
如露亦如電	아침이슬, 번개처럼 사라지는 것
應作如是觀	이와 같은 그 실상을 보아야 한다.

2010년 5월 1일

인월행자 두손모음

차례

오분향예불문

五分香禮佛文

아름답고 향기로운 우리의 삶
그 자체가
부처님께 참된 공양 올리는 것

五分香禮佛文

我今淸淨水
아금청정수

變爲甘露茶
변위감로다

奉獻三寶前
봉헌삼보전

願垂哀納受
원수애납수

願垂哀納受 願垂慈悲哀納受
원수애납수 원수자비애납수

戒香 定香 慧香 解脫香 解脫知見香
계향 정향 혜향 해탈향 해탈지견향

오분향예불문

저희들이 이제 올린 맑고 맑은 물 한 그릇
부처님의 가피 입어 감로다로 되었기에
부처님과 바른 법과 청정 승가 삼보 앞에
지극하온 마음으로 정성 다해 올리오니

부처님의 자비로써 애틋하게 받으소서.
부처님의 자비로써 애틋하게 받으소서.
부처님의 자비로써 애틋하게 받으소서.

계향 맑고 고운 삶으로써 험한 세상 밝히옵고
정향 번뇌 없는 마음으로 금빛 하늘 바라보며
혜향 참 행복한 세상에서 슬기롭게 살아가니
해탈향 온갖 모습 연꽃으로 온 누리에 피어나서
해탈지견향 부처님의 지견으로 뭇 삶들을 구하리라.

光明雲臺 周遍法界 供養十方 無量佛法僧
광명운대 주변법계 공양시방 무량불법승

獻香眞言
헌향진언

옴 바으라 도비야 훔 (3번)

至心歸命禮
지심귀명례

三界導師 四生慈父 是我本師 釋迦牟尼佛
삼계도사 사생자부 시아본사 석가모니불

至心歸命禮
지심귀명례

十方三世 帝網刹海 常住一切 佛陀耶衆
시방삼세 제망찰해 상주일체 불타야중

至心歸命禮
지심귀명례

十方三世 帝網刹海 常住一切 達摩耶衆
시방삼세 제망찰해 상주일체 달마야중

하늘 가득 지혜 광명 우주 법계 충만하여
시방세계 한량없는 많고 많은 부처님들
바른 법과 승보님께 이 공양을 올립니다.

향기로운 모든 삶을 부처님께 올린 진언
옴 바으라 도비야 훔 (3번)

모든 중생 제도하는 자비로운 어버이신
본디부터 우리 스승 석가모니 부처님께
지극정성 절을 하며 목숨 다해 받듭니다.

시방삼세 온 우주에 거듭거듭 펼쳐지는
온갖 국토 어디라도 항상 계신 부처님들
지극정성 절을 하며 목숨 다해 받듭니다.

시방삼세 온 우주에 거듭거듭 펼쳐지는
온갖 국토 어디라도 항상 있는 가르침에
지극정성 절을 하며 목숨 다해 받듭니다.

至心歸命禮
지심귀명례

大智文殊舍利菩薩　大行普賢菩薩
대지문수사리보살　대행보현보살

大悲觀世音菩薩　大願本尊地藏菩薩摩訶薩
대비관세음보살　대원본존지장보살마하살

至心歸命禮
지심귀명례

靈山當時　受佛附囑　十大弟子　十六聖　五百聖
영산당시　수불부촉　십대제자　십육성　오백성

獨修聖　乃至　千二百諸大阿羅漢　無量慈悲聖衆
독수성　내지　천이백제대아라한　무량자비성중

至心歸命禮
지심귀명례

西乾東震　及我海東　歷代傳燈　諸大祖師
서건동진　급아해동　역대전등　제대조사

天下宗師　一切微塵數　諸大善知識
천하종사　일체미진수　제대선지식

14

지혜로운 문수보살 육도만행 보현보살
자비로운 관음보살 대원본존 지장보살
지극정성 절을 하며 목숨 다해 받듭니다.

영산회상 법을 이은 십대제자 십육성인
오백성현 독수성과 천이백의 큰 아라한
헤아릴 수 없이 많은 자비로운 성중님들
지극정성 절을 하며 목숨 다해 받듭니다.

인도 중국 우리나라 세계 곳곳 법을 전한
역대조사 천하종사 많고 많은 선지식들
지극정성 절을 하며 목숨 다해 받듭니다.

至心歸命禮
지심귀명례

十方三世 帝網刹海 常住一切 僧伽耶衆
시방삼세 제망찰해 상주일체 승가야중

唯願 無盡三寶
유원 무진삼보

大慈大悲 受我頂禮 冥熏加被力
대자대비 수아정례 명훈가피력

願共法界諸衆生 自他一時成佛道
원공법계제중생 자타일시성불도

시방삼세 온 우주에 거듭거듭 펼쳐지는
온갖 국토 어디라도 항상 계신 승보님께
지극정성 절을 하며 목숨 다해 받듭니다.

바라건대 이 세상에 다함없는 삼보시여!
대자대비 베푸시어 저희 예배 받으시고
끊임없이 펼쳐지는 부처님의 가피로써
일체중생 모두 함께 성불하기 원합니다.

금강경

金剛經

모습으로 부처님을 보려 하거나
소리로써 부처님을 찾으려 하면
이 사람은 잘못된 길 가는 것이니
부처님을 볼 수 있는 인연 없으리.

誦經儀式

淨口業眞言
정구업진언

수리수리 마하수리 수수리 스바하 (3번)

五方內外 安慰諸神 眞言
오방내외 안위제신 진언

나모 사만타 붇다남 옴 도로도로 디비 스바하 (3번)

開經偈
개경게

無上甚深微妙法 百千萬劫難遭遇
무상심심미묘법 백천만겁난조우

我今聞見得受持 願解如來眞實意
아금문견득수지 원해여래진실의

開法藏眞言
개법장진언

옴 아라남 아라다 (3번)

경을 읽고 외우는 의식

입으로 지은 허물 정화하는 진언이요
수리수리 마하수리 수수리 스바하 (3번)

안팎 주변 모든 신을 편케 하는 진언이요
나모 사만타 붇다남 옴 도로도로 디비 스바하 (3번)

부처님의 가르침을 펼치면서 읽는 게송
수승하고 깊고 깊은 오묘하고 미묘한 법
백천만겁 살더라도 만나 뵙기 어려우니
제가 이제 듣고 보고 부처님 법 받아 지녀
부처님의 진실한 뜻 깨닫기를 원합니다.

부처님의 가르침을 드러내는 진언이요
옴 아라남 아라다 (3번)

1. 法會因由分

如是我聞
여시아문

一時　佛　在舍衛國　祇樹給孤獨園
일시　불　재사위국　기수급고독원

與大比丘衆　千二百五十人俱
여대비구중　천이백오십인구

爾時　世尊　食時　着衣持鉢　入舍衛大城
이시　세존　식시　착의지발　입사위대성

乞食於其城中　次第乞已
걸식어기성중　차제걸이

還至本處　飯食訖　收衣鉢　洗足已　敷座而坐
환지본처　반사흘　수의발　세족이　부좌이좌

1. 기원정사에서 법회가 열리던 날

이와 같이 저는 들었습니다.

부처님께서 사위국 기원정사에서 성스러운 비구 천이백오십 명과 함께 지내실 때였습니다.

어느 날 이른 아침 가사를 수하신 세존께서 발우를 들고 사위성에 들어가 탁발하시며

차례대로 일곱 집에서 정성껏 올리는 공양물을 받고 다시 머물던 처소로 돌아와 공양을 드시고는

가사와 발우를 정돈하신 뒤 발을 씻으시고는 자리를 펴고 앉으셨습니다.

2. 善現起請分

時 長老 須菩提 在大衆中 卽從座起
시 장로 수보리 재대중중 즉종좌기

偏袒右肩 右膝着地 合掌恭敬 而白佛言
편단우견 우슬착지 합장공경 이백불언

希有 世尊 如來 善護念 諸菩薩 善付囑 諸菩薩
희유 세존 여래 선호념 제보살 선부촉 제보살

世尊 善男子 善女人
세존 선남자 선여인

發阿耨多羅三藐三菩提心
발아뇩다라삼먁삼보리심

應云何住 云何降伏其心
응운하주 운하항복기심

佛言
불언

善哉善哉 須菩提 如汝所說
선재선재 수보리 여여소설

如來 善護念 諸菩薩 善付囑 諸菩薩
여래 선호념 제보살 선부촉 제보살

2. 장로 수보리가 법을 청하다

그때 장로 수보리가 대중 가운데에서 일어나 오른쪽 어깨를 드러낸 차림으로 오른 무릎을 꿇으면서 두 손을 모아 합장하고 공경하는 마음으로 부처님께 사뢰었습니다.

"참으로 경이롭고 희유하십니다, 세존이시여. 여래께서는 모든 보살들을 잘 보살펴 주시고 배운 가르침을 잘 실천하도록 격려하여 주십니다.

세존이시여! '더할 나위 없이 높고도 올바른 깨달음'을 얻고자 마음을 일으킨 선남자 선여인들은 어떻게 살아가야 하며 어떻게 마음을 다스려야 합니까?"

부처님께서 말씀하셨다.

"참으로 잘 물었다, 수보리야. 그대의 말대로 여래께서는 모든 보살들을 잘 보살펴주시고 배운 가르침을 잘 실천하도록 격려하여 주시느니라."

汝今諦聽　當爲汝說
여금체청　당위여설

善男子　善女人　發阿耨多羅三藐三菩提心
선남자　선여인　발아뇩다라삼막삼보리심

應如是住　如是降伏其心
응여시주　여시항복기심

唯然　世尊　願樂欲聞
유연　세존　원요욕문

"이제 그대를 위하여 설하리니 잘 들어라.

'더할 나위 없이 높고도 올바른 깨달음'을 얻고자 마음을 일으킨 선남자 선여인들은 이와 같이 살아야 하며 이와 같이 마음을 다스려야 할 것이니라."

"네, 세존이시여. 기쁜 마음으로 듣겠사옵니다."

3. 大乘正宗分

佛告　須菩提
불고　수보리

諸菩薩摩訶薩　應如是降伏其心
제보살마하살　응여시항복기심

所有一切　衆生之類　若卵生　若胎生　若濕生
소유일체　중생지류　약난생　약태생　약습생

若化生　若有色　若無色　若有想　若無想
약화생　약유색　약무색　약유상　약무상

若非有想非無想　我皆令入無餘涅槃　而滅度之
약비유상비무상　아개영입무여열반　이멸도지

如是滅度　無量無數　無邊衆生　實無衆生　得滅度者
여시멸도　무량무수　무변중생　실무중생　득멸도자

何以故　須菩提
하이고　수보리

若菩薩　有我相　人相　衆生相　壽者相　則非菩薩
약보살　유아상　인상　중생상　수자상　즉비보살

3. 모습에 집착한다면 보살이 아니다

부처님께서 수보리에게 말씀하셨다.

"수보리야, 모든 보살마하살은 이와 같이 그들의 마음을 다스려야 하니,
온갖 중생들, 즉 알에서 태어난 중생, 모태에서 태어난 중생, 습기에서 태어난 중생, 생긴 모습을 바꾸어 태어난 중생, 형체가 있는 중생, 형체가 없는 중생, 분별이 있는 중생, 분별이 없는 중생, 분별이 있는 것도 아니고 없는 것도 아닌 중생 이 모두를 '번뇌가 다 사라진 열반'에 들게 하여 제도해야겠다는 마음을 내야 하느니라.

이와 같이 헤아릴 수 없이 많은 중생을 제도하였지만 실로 제도된 중생은 하나도 없으니, 왜냐하면 수보리야, 만약 보살이 나라는 모습에 집착하고, 남이라는 모습에 집착하며, 나와 남들이 어울려 생겨나는 우리 중생이라는 모습에 집착하고, 또는 이들 모두의 생명이 영원할 것이라는 모습에 집착한다면 이는 보살이 아니기 때문이다."

4. 妙行無住分

復次　須菩提　菩薩　於法　應無所住　行於布施
부차　수보리　보살　어법　응무소주　행어보시

所謂　不住色布施　不住聲香味觸法布施
소위　부주색보시　부주성향미촉법보시

須菩提　菩薩　應如是布施　不住於相　何以故
수보리　보살　응여시보시　부주어상　하이고

若菩薩　不住相布施　其福德　不可思量
약보살　부주상보시　기복덕　불가사량

須菩提　於意云何　東方虛空　可思量不
수보리　어의운하　동방허공　가사량부

不也　世尊
불야　세존

"또한 수보리야, 보살은 어떠한 대상에도 얽매이는 마음이 없이 보시해야 한다. 이른바 형색에 얽매이지 않으며, 소리·냄새·맛·촉감·마음의 대상 그 어디에도 얽매이지 않는 마음으로 보시해야 하느니라.

수보리야, 보살은 이와 같이 보시하여 어떤 모습에도 얽매이지 않아야 하니 무슨 까닭이겠느냐?

만약 보살이 어떤 모습에도 얽매이지 않고 보시하면 그 복덕은 헤아릴 수 없을 만큼 크기 때문이다.

수보리야, 그대는 어떻게 생각하느냐? 동쪽 허공의 크기를 헤아릴 수 있겠느냐?"

"헤아릴 수 없습니다, 세존이시여."

須菩提 南西北方 四維上下虛空 可思量不
수보리 남서북방 사유상하허공 가사량부

不也 世尊
불야 세존

須菩提 菩薩 無住相 布施福德 亦復如是 不可思量
수보리 보살 무주상 보시복덕 역부여시 불가사량

須菩提 菩薩 但應如所敎住
수보리 보살 단응여소교주

"수보리야, 남쪽 서쪽 북쪽의 허공과 그 사이와 위아래에 있는 허공의 크기를 헤아릴 수 있겠느냐?"

"헤아릴 수 없습니다, 세존이시여."

"수보리야, 보살이 어떤 모습에도 얽매이지 않고 보시하는 복덕도 이와 같아 그 크기를 헤아릴 수 없느니라.

수보리야, 보살은 오직 이와 같은 가르침대로 살아야 하느니라."

5. 如理實見分

須菩提　於意云何　可以身相　見如來不
수보리　어의운하　가이신상　견여래부

不也　世尊
불야　세존

不可以身相　得見如來
불가이신상　득견여래

何以故　如來所說身相　卽非身相
하이고　여래소설신상　즉비신상

佛告　須菩提
불고　수보리

凡所有相　皆是虛妄
범소유상　개시허망

若見諸相非相　則見如來
약견제상비상　즉견여래

"수보리야, 그대는 어떻게 생각하느냐? '몸의 모양'으로
여래를 볼 수 있겠느냐?"

"볼 수 없습니다, 세존이시여. '몸의 모양'으로 여래를 볼
수 있는 것이 아닙니다.

왜냐하면 여래께서 말씀하시는 '몸의 모양'은 '어떤 실물로
나타난 몸의 모양'이 아니기 때문입니다."

부처님께서 수보리에게 말씀하셨다.

"존재하는 '온갖 모습'은 다 허망한 것이니,
'온갖 모습'에서 '허망한 모습이 아닌 참 모습'을 보면
곧 여래를 보느니라."

6. 正信希有分

須菩提 白佛言
수보리 백불언

世尊 頗有衆生 得聞如是 言說章句 生實信不
세존 파유중생 득문여시 언설장구 생실신부

佛告 須菩提
불고 수보리

莫作是說 如來滅後 後五百歲
막작시설 여래멸후 후오백세

有持戒修福者 於此章句 能生信心 以此爲實
유지계수복자 어차장구 능생신심 이차위실

當知 是人 不於一佛二佛 三四五佛 而種善根
당지 시인 불어일불이불 삼사오불 이종선근

已於無量 千萬佛所 種諸善根
이어무량 천만불소 종제선근

聞是章句 乃至一念 生淨信者
문시장구 내지일념 생정신자

장로 수보리가 부처님께 사뢰었다.

"세존이시여, 어떤 중생들이 이런 가르침을 듣고 참된 믿음을 낼 수 있겠습니까?"

부처님께서 수보리에게 말씀하셨다.

"그렇게 말 하지 말라. 여래께서 열반하신 후 오백 년 뒤에도 부처님 말씀대로 아름답게 계를 지키며 복을 짓고 사는 사람들은 이와 같은 가르침에 믿음을 내리니 이로써 부처님의 세상으로 들어갈 것이니라.

그대는 마땅히 알아야 한다. 이 사람은 전생에 부처님 한 분, 두 분, 세 분, 네 분, 다섯 분에게만 선근을 심은 것이 아니라, 이미 헤아릴 수 없이 많은 부처님께 온갖 선근을 심었으므로 이와 같은 가르침을 듣고 한 생각에 맑고 깨끗한 믿음을 낼 것이니라."

須菩提　如來　悉知悉見　是諸衆生　得如是無量福德
수보리　여래　실지실견　시제중생　득여시무량복덕

何以故　是諸衆生
하이고　시제중생

無復我相　人相　衆生相　壽者相
무부아상　인상　중생상　수자상

無法相　亦無非法相
무법상　역무비법상

何以故
하이고

是諸衆生　若心取相　則爲着我人衆生壽者
시제중생　약심취상　즉위착아인중생수자

何以故
하이고

若取法相　則着我人衆生壽者
약취법상　즉착아인중생수자

"수보리야, 여래께서는 이 모든 것을 다 아시고 다 보시니, 이 가르침을 믿는 중생들은 헤아릴 수 없는 무량복덕을 얻게 될 것이다.

무엇 때문이겠느냐? 이들 모든 중생은 다시는 '나라는 모습, 남이라는 모습, 나와 남들이 어울려 생겨나는 우리 중생이라는 모습, 또는 이들 모두의 생명이 영원할 것이라는 모습'에 집착하지 않기 때문이며, 법이라는 모습에도 집착하지 않고 법이 아니라는 모습에도 집착하지 않기 때문이다.

왜냐하면 이 모든 중생들이 마음에 어떤 모습을 갖게 되면 곧 '나라는 모습에 집착하고, 남이라는 모습에 집착하며, 나와 남들이 어울려 생겨나는 우리 중생이라는 모습에 집착하고, 또는 이들 모두의 생명이 영원할 것이라는 모습에 집착하는 것'이 되기 때문이다.

무슨 까닭이겠느냐? 마음에 법이라는 모습을 갖게 되면 곧 '나라는 모습에 집착하고, 남이라는 모습에 집착하며, 나와 남들이 어울려 생겨나는 우리 중생이라는 모습에 집착하고, 또는 이들 모두의 생명이 영원할 것이라는 모습에 집착하는 것'이 되기 때문이며,

若取非法相　卽着我人衆生壽者
약취비법상　즉착아인중생수자

是故　不應取法　不應取非法
시고　불응취법　불응취비법

以是義故　如來　常說
이시의고　여래　상설

汝等　比丘　知我說法　如筏喩者
여등　비구　지아설법　여벌유자

法尚應捨　何況非法
법상응사　하황비법

법이 아니라는 모습을 갖게 되도 곧 '나라는 모습에 집착하고, 남이라는 모습에 집착하며, 나와 남들이 어울려 생겨나는 우리 중생이라는 모습에 집착하고, 또는 이들 모두의 생명이 영원할 것이라는 모습에 집착하는 것'이 되기 때문이다.

이렇기 때문에 '법'이라는 모습도 갖지 말아야 하며 '법 아닌 것'이라는 모습도 갖지 말아야 하느니라.

이런 뜻으로 여래께서는 늘 말씀하셨다.

'그대 비구들은 내가 말한 법이 뗏목 같은 줄 알아야 한다. 법조차도 오히려 버려야 하거늘, 하물며 법 아닌 것이야 더 말할 필요가 있겠는가.'"

7. 無得無說分

須菩提　於意云何
수보리　어의운하

如來　得阿耨多羅三藐三菩提耶　如來　有所說法耶
여래　득아뇩다라삼막삼보리야　여래　유소설법야

須菩提言
수보리언

如我解佛所說義　無有定法　名阿耨多羅三藐三菩提
여아해불소설의　무유정법　명아뇩다라삼막삼보리

亦無有定法　如來可說
역무유정법　여래가설

何以故　如來所說法　皆　不可取不可說　非法非非法
하이고　여래소설법　개　불가취불가설　비법비비법

所以者何　一切賢聖　皆　以無爲法　而有差別
소이자하　일체현성　개　이무위법　이유차별

부처님께서 수보리에게 말씀하셨다.

"수보리야, 그대는 어떻게 생각하느냐? 여래께서 '더할 나위 없이 높고도 올바른 깨달음'을 얻었느냐? 여래께서 말씀하신 법이 있겠느냐?"

장로 수보리가 말하였다.

"부처님께서 말씀하신 뜻을 제가 알기로는 '더할 나위 없이 높고도 올바른 깨달음'이라 할 만한 결정된 법이 없으며, 또한 여래께서 말씀할 만한 정해진 법도 없습니다.

무슨 까닭이겠습니까? 여래께서 말씀하신 법은 모두 취할 수 있는 것도 아니고 말할 수 있는 것도 아니며, 법도 아니고 법 아닌 것도 아니기 때문입니다.
왜냐하면 현자와 성인은 모두 무위법으로써 여러 가지 모습을 드러내고 있기 때문입니다."

8. 依法出生分

須菩提　於意云何
수보리　어의운하

若人　滿三千大千世界七寶　以用布施
약인　만삼천대천세계칠보　이용보시

是人　所得福德　寧爲多不
시인　소득복덕　영위다부

須菩提言　甚多　世尊
수보리언　심다　세존

何以故　是福德　卽非福德性　是故　如來　說福德多
하이고　시복덕　즉비복덕성　시고　여래　설복덕다

若復有人
약부유인

於此經中　受持乃至　四句偈等　爲他人說　其福勝彼
어차경중　수지내지　사구게등　위타인설　기복승피

부처님께서 수보리에게 말씀하셨다.

"수보리야, 그대는 어떻게 생각하느냐? 만약 어떤 사람이 삼천대천세계를 일곱 가지 보배로 가득 채워 보시한다면 이 사람이 얻는 복덕이 얼마나 많겠느냐?"

장로 수보리가 말하였다.

"참으로 많습니다, 세존이시여. 왜냐하면 이 복덕은 곧 복덕의 성품이 아니니, 이 때문에 여래께서 복덕이 많다고 말씀하신 것입니다."

"만약 어떤 사람이 이 경이나 이 가르침 속에 있는 네 구절의 게송만이라도 받아 지녀 다른 사람을 위하여 그 뜻을 일러 준다면 그 복덕은 삼천대천세계를 일곱 가지 보배로 가득 채워 보시한 복덕보다도 더 뛰어날 것이다."

何以故　須菩提
하이고　수보리

一切諸佛 及諸佛阿耨多羅三藐三菩提法 皆從此經出
일체제불 급제불아뇩다라삼먁삼보리법 개종차경출

須菩提　所謂　佛法者　卽非佛法
수보리　소위　불법자　즉비불법

"무슨 까닭이겠느냐, 수보리야.

시방세계 부처님과 그분들의 깨달음이 모두 이 가르침에서
나왔기 때문이다.

수보리야,
이른바 부처님의 법이라 집착한다면 그것은 부처님의 법이
아니니라."

9. 一相無相分

須菩提　於意云何
수보리　어의운하

須陀洹　能作是念　我得須陀洹果不
수다원　능작시념　아득수다원과부

須菩提言　不也　世尊
수보리언　불야　세존

何以故　須陀洹　名爲入流　而無所入
하이고　수다원　명위입류　이무소입

不入色聲香味觸法　是名須陀洹
불입색성향미촉법　시명수다원

須菩提　於意云何　斯陀含　能作是念　我得斯陀含果不
수보리　어의운하　사다함　능작시념　아득사다함과부

"수보리야, 그대는 어떻게 생각하느냐? 욕망으로 살아가는 세계에서 '나에 대한 집착' '계율과 의식에 대한 집착' '법에 대한 의심'이 끊어져 성자의 흐름에 든 사람 수다원이 '나는 수다원의 지위를 얻었다.'는 생각을 낼 수 있겠느냐?"

장로 수보리가 말하였다.

"아닙니다, 세존이시여. 왜냐하면 수다원은 성자의 흐름에 들어갔다고 하지만 들어간 곳이 없기 때문입니다. 형색이나 소리·냄새·맛·촉감·마음의 대상 그 어디에도 들어가지 않았기 때문에 수다원이라 말하는 것입니다."

"수보리야, 그대는 어떻게 생각하느냐? 욕망으로 살아가는 세계에서 '감각적 욕망'과 '성내는 마음'이 아직 조금 남아 있어 이를 없애기 위하여 욕망의 세계로 다시 한 번 더 돌아와야 할 사람 사다함이 '나는 사다함의 지위를 얻었다.'는 생각을 낼 수 있겠느냐?"

須菩提言 不也 世尊
수보리언 불야 세존

何以故 斯陀含 名一往來 而實無往來 是名斯陀含
하이고 사다함 명일왕래 이실무왕래 시명사다함

須菩提 於意云何
수보리 어의운하

阿那含 能作是念 我得阿那含果不
아나함 능작시념 아득아나함과부

須菩提言
수보리언

不也 世尊
불야 세존

何以故 阿那含 名爲不來 而實無不來 是故 名阿那含
하이고 아나함 명위불래 이실무불래 시고 명아나함

장로 수보리가 말하였다.

"아닙니다, 세존이시여. 왜냐하면 사다함은 욕망의 세계로 다시 한 번 돌아와야 할 사람이라고는 하지만, 실로 돌아와야 할 곳이 없기 때문에 사다함이라 부르는 것입니다."

"수보리야, 그대는 어떻게 생각하느냐? 욕망으로 살아가는 세계에서 '나에 대한 집착', '계율과 의식에 대한 집착', '법에 대한 의심', '감각적 욕망'과 '성내는 마음'이 모두 끊어져 다시는 욕망의 세계로 되돌아오지 않을 사람 아나함이 '나는 아나함의 지위를 얻었다.'는 생각을 낼 수 있겠느냐?"

장로 수보리가 말하였다.

"아닙니다, 세존이시여. 왜냐하면 아나함은 욕망의 세계로 다시 오지 않을 사람이라고는 하지만, 실로 다시 오지 않을 곳이 없기 때문에 아나함이라 부르는 것입니다."

須菩提　於意云何
수보리　어의운하

阿羅漢　能作是念　我得阿羅漢道不
아라한　능작시념　아득아라한도부

須菩提言　不也　世尊　何以故　實無有法　名阿羅漢
수보리언　불야　세존　하이고　실무유법　명아라한

世尊　若阿羅漢　作是念　我得阿羅漢道
세존　약아라한　작시념　아득아라한도

卽爲着我人衆生壽者
즉위착아인중생수자

世尊　佛說　我得無諍三昧　人中最爲第一
세존　불설　아득무쟁삼매　인중최위제일

是第一離欲阿羅漢
시제일이욕아라한

"수보리야, 그대는 어떻게 생각하느냐? 마음속에 다툼이 없어 고요한 삶을 즐기는 아라한이 '나는 아라한의 도를 얻었다.'는 생각을 낼 수 있겠느냐?"

장로 수보리가 말하였다.

"아닙니다, 세존이시여. 왜냐하면 실로 아라한이라고 할 만한 법이 없기 때문입니다.

세존이시여, 만약 아라한이 '나는 아라한의 도를 얻었다.' 는 생각을 내면 이는 곧 '나라는 모습에 집착하고, 남이라는 모습에 집착하며, 나와 남들이 어울려 생겨나는 우리 중생이라는 모습에 집착하고, 또는 이들 모두의 생명이 영원할 것이라는 모습에 집착하는 것'이기 때문입니다.

세존이시여, 부처님께서 저를 '다툼이 없는 무쟁삼매를 얻은 사람 가운데 최고'라고 하시니, 이는 '온갖 욕망을 떠난 으뜸가는 아라한'이라 말씀하신 것입니다."

世尊 我 不作是念 我是離欲阿羅漢
세존 아 부작시념 아시이욕아라한

世尊 我 若作是念 我得阿羅漢道
세존 아 약작시념 아득아라한도

世尊 則不說 須菩提 是樂阿蘭那行者
세존 즉불설 수보리 시요아란나행자

以須菩提 實無所行 而名須菩提 是樂阿蘭那行
이수보리 실무소행 이명수보리 시요아란나행

54

"세존이시여, 그러나 저는 제가 '온갖 욕망을 떠난 아라한' 이라는 생각을 하지 않습니다.

세존이시여, 제가 만약 '나는 아라한의 도를 얻었다.' 하면, 세존께서 '수보리는 마음속에 다툼이 없어 고요한 삶을 즐기는 사람'이라고 말씀하시지 않았을 것입니다.

제가 실로 그런 생각이 없기 때문에 '수보리는 마음속에 다툼이 없어 고요한 삶을 즐기는 사람'이라고 말씀하시는 것입니다."

10. 莊嚴淨土分

佛告　須菩提
불고　수보리

於意云何　如來　昔在燃燈佛所　於法　有所得不
어의운하　여래　석재연등불소　어법　유소득부

不也　世尊
불야　세존

如來　在燃燈佛所　於法實無所得
여래　재연등불소　어법실무소득

須菩提　於意云何　菩薩　莊嚴佛土不
수보리　어의운하　보살　장엄불토부

不也　世尊　何以故　莊嚴佛土者　卽非莊嚴　是名莊嚴
불야　세존　하이고　장엄불토자　즉비장엄　시명장엄

10. 부처님의 국토를 장엄한다는 것은

부처님께서 수보리에게 말씀하셨다.

"그대는 어떻게 생각하느냐? 여래가 옛날, 불꽃처럼 빛나는 연등 부처님이 계신 곳에서 얻은 법이 있겠느냐?"

"아닙니다, 세존이시여. 여래께서는 불꽃처럼 빛나는 연등 부처님이 계신 곳에서 실로 얻은 법이 없습니다."

"수보리야, 그대는 어떻게 생각하느냐? 보살이 부처님의 국토를 장엄하겠느냐?"

"아닙니다, 세존이시여. 왜냐하면 부처님의 국토를 장엄한다는 것은 곧 어떤 실물로 장엄하는 것이 아니기 때문에 이를 일러 장엄한다고 하는 것입니다."

是故　須菩提　諸菩薩摩訶薩　應如是生淸淨心
시고　수보리　제보살마하살　응여시생청정심

不應住色生心　不應住聲香味觸法生心
불응주색생심　불응주성향미촉법생심

應無所住而生其心
응무소주이생기심

須菩提
수보리

譬如有人　身如須彌山王　於意云何　是身爲大不
비여유인　신여수미산왕　어의운하　시신위대부

須菩提言　甚大　世尊　何以故　佛說非身　是名大身
수보리언　심대　세존　하이고　불설비신　시명대신

"그러므로 수보리야, 모든 보살마하살은 이처럼 맑고 깨끗한 마음을 쓰며, 형색에도 얽매이지 말고, 소리·냄새·맛·촉감·마음의 대상에도 얽매이지 말아야 하니, 그 어디에도 집착하지 말아야 하느니라.

수보리야, 비유컨대 어떤 사람의 몸이 거대한 수미산과도 같다면 그대는 어떻게 생각하느냐? 그 몸이 크다고 할 수 있겠느냐?"

"참으로 큽니다, 세존이시여. 왜냐하면 부처님께서는 어떤 실물로 나타난 몸이 아닌 것, 이를 일러 큰 몸이라 말씀하셨기 때문입니다."

11. 無爲福勝分

須菩提　如恒河中　所有沙數　如是沙等恒河
수보리　여항하중　소유사수　여시사등항하

於意云何　是諸恒河沙　寧爲多不
어의운하　시제항하사　영위다부

須菩提言
수보리언

甚多　世尊　但諸恒河　尚多無數　何況其沙
심다　세존　단제항하　상다무수　하황기사

須菩提　我今　實言　告汝
수보리　아금　실언　고여

若有　善男子　善女人　以七寶滿　爾所恒河沙數
약유　선남자　선여인　이칠보만　이소항하사수

三千大千世界　以用布施　得福多不
삼천대천세계　이용보시　득복다부

須菩提言　甚多　世尊
수보리언　심다　세존

11. 네 구절의 게송만이라도 일러 준 복덕

"수보리야, 갠지스 강 모래알 수만큼이나 많은 갠지스 강이 있다면, 그대는 어떻게 생각하느냐? 이 모든 갠지스 강에 있는 모래알 수를 많다고 할 수 있겠느냐?"

장로 수보리가 말하였다.

"참으로 많습니다, 세존이시여. 단지 모든 갠지스 강만 해도 헤아릴 수 없이 많거늘, 하물며 그 모래알 수야 더 말할 필요가 있겠습니까."

"수보리야, 내가 이제 진실한 말로 그대에게 일러 주겠노라. 만약 어떤 선남자 선여인이 저 갠지스 강 모래알 수만큼이나 많은 삼천대천세계를 일곱 가지 보배로 가득 채워 보시한다면 그들이 얻을 복이 많겠느냐?"

"참으로 많습니다, 세존이시여."

佛告　須菩提
불고　수보리

若善男子　善女人
약선남자　선여인

於此經中　乃至受持　四句偈等　爲他人說
어차경중　내지수지　사구게등　위타인설

而此福德　勝前福德
이차복덕　승전복덕

부처님께서 수보리에게 말씀하셨다.

"만약 선남자 선여인이 이 경이나 이 가르침 속에 있는 네 구절의 게송만이라도 받아 지녀 다른 사람들을 위하여 그 뜻을 일러 준다면, 이 복덕은 앞에서 말한 일곱 가지 보배로 보시한 복덕보다도 더 뛰어날 것이니라."

12. 尊重正敎分

復次 須菩提
부차 수보리

隨說是經 乃至 四句偈等
수설시경 내지 사구게등

當知 此處 一切世間 天人 阿修羅 皆應供養 如佛塔廟
당지 차처 일체세간 천인 아수라 개응공양 여불탑묘

何況 有人盡能 受持讀誦
하황 유인진능 수지독송

須菩提 當知
수보리 당지

是人成就 最上第一 希有之法
시인성취 최상제일 희유지법

若是經典 所在之處 則爲有佛 若尊重弟子
약시경전 소재지처 즉위유불 약존중제자

다시 부처님께서 수보리에게 말씀하셨다.

"또한 수보리야, 이 경이나 이 가르침 속에 있는 네 구절의 게송만이라도 설하는 곳이 있다면, 마땅히 여기는 모든 세간에 있는 하늘의 신이나 인간 아수라 등이 부처님이 계시는 절이나 탑처럼 받들어 공양 올려야 할 곳임을 알아야 한다.

하물며 이 가르침을 남김없이 받들어 지니고 독송하는 사람이야 더 말할 필요가 있겠느냐.

수보리야, 그대는 마땅히 이 사람이 세상에서 가장 으뜸가는 경이롭고 희유한 법을 성취한 줄 알아야 한다.

이 경전이 있는 장소는 부처님이 계시는 곳이요, 존경하고 받들어 모셔야 할 부처님의 훌륭한 제자들이 있는 곳과 같으니라."

13. 如法受持分

爾時　須菩提　白佛言
이시　수보리　백불언

世尊　當　何名此經　我等　云何奉持
세존　당　하명차경　아등　운하봉지

佛告　須菩提
불고　수보리

是經名爲　金剛般若波羅蜜　以是名字　汝當奉持
시경명위　금강반야바라밀　이시명자　여당봉지

所以者何　須菩提
소이자하　수보리

佛說般若波羅蜜　卽非般若波羅蜜　是名般若波羅蜜
불설반야바라밀　즉비반야바라밀　시명반야바라밀

須菩提　於意云何　如來有所說法不
수보리　어의운하　여래유소설법부

須菩提　白佛言　世尊　如來　無所說
수보리　백불언　세존　여래　무소설

13. 금강반야바라밀을 받아 지녀 설해야 한다

그때 장로 수보리가 부처님께 사뢰어 물었다.

"세존이시여, 이 경의 이름을 무어라 불러야 하며 저희들이 어떻게 받들어 지녀야 합니까?"

부처님께서 수보리에게 말씀하셨다.

"이 경은 '깨달음으로 가는 금강의 지혜'라는 뜻을 지닌 '금강반야바라밀경'이라고 하니, 이 이름으로 그대들은 받들어 지녀야 할 것이다.
왜냐하면 수보리야, 부처님이 말씀하신 '깨달음으로 가는 지혜 반야바라밀'은 '어떤 실체가 있는 반야바라밀'이 아니기 때문에 이를 일러 '반야바라밀'이라고 한다.
수보리야, 그대는 어떻게 생각하느냐? 여래께서 말씀하신 법이 있겠느냐?"

"세존이시여, 여래께서는 법을 말씀하신 바가 없습니다."

須菩提 於意云何 三千大千世界 所有微塵 是爲多不
수보리 어의운하 삼천대천세계 소유미진 시위다부

須菩提言 甚多 世尊
수보리언 심다 세존

須菩提 諸微塵 如來說 非微塵 是名微塵
수보리 제미진 여래설 비미진 시명미진

如來說 世界 非世界 是名世界
여래설 세계 비세계 시명세계

須菩提 於意云何 可以三十二相 見如來不
수보리 어의운하 가이삼십이상 견여래부

不也 世尊 不可 以三十二相 得見如來
불야 세존 불가 이삼십이상 득견여래

何以故 如來說 三十二相 卽是非相 是名三十二相
하이고 여래설 삼십이상 즉시비상 시명삼십이상

"수보리야, 그대는 어떻게 생각하느냐? 삼천대천세계를 이루고 있는 모든 티끌의 수가 많겠느냐?"

"참으로 많습니다, 세존이시여."

"수보리야, 이 모든 티끌을 여래께서 어떤 실체가 있는 티끌이 아니라고 말씀하셨으므로, 이를 일러 티끌이라고 한다. 여래께서 말씀하신 세계도 어떤 실체가 있는 세계가 아니므로, 이를 일러 세계라고 하느니라.

수보리야, 그대는 어떻게 생각하느냐? '서른두 가지 뛰어난 모습'으로 여래를 볼 수 있겠느냐?"

"아닙니다, 세존이시여. '서른두 가지 뛰어난 모습'으로 여래를 볼 수 없습니다. 왜냐하면 여래께서 말씀하신 '서른두 가지 뛰어난 모습'은 어떤 실체가 있는 '서른두 가지 뛰어난 모습'이 아니므로, 이를 일러 '서른두 가지 뛰어난 모습'이라고 하는 것입니다."

須菩提
수보리

若有善男子　善女人　以恒河沙等　身命布施
약유선남자　선여인　이항하사등　신명보시

若復有人
약부유인

於此經中　乃至　受持四句偈等　爲他人說　其福甚多
어차경중　내지　수지사구게등　위타인설　기복심다

"수보리야, 만약 어떤 선남자 선여인이 갠지스 강의 모래알 수만큼이나 많은 몸과 목숨을 바쳐 보시했더라도,

어떤 사람이 이 경이나 이 가르침 속에 있는 네 구절의 게송만이라도 받아 지녀 다른 사람들을 위하여 그 뜻을 일러 준다면,

이 복덕은 헤아릴 수 없이 많은 몸과 목숨을 바쳐 보시한 복덕보다도 더 뛰어날 것이니라."

14. 離相寂滅分

爾時 須菩提 聞說是經 深解義趣 涕淚悲泣 而白佛言
이시 수보리 문설시경 심해의취 체루비읍 이백불언

希有 世尊 佛說 如是 甚深經典
희유 세존 불설 여시 심심경전

我從昔來 所得慧眼 未曾得聞 如是之經
아종석래 소득혜안 미증득문 여시지경

世尊 若復有人 得聞是經 信心淸淨 則生實相
세존 약부유인 득문시경 신심청정 즉생실상

當知 是人成就 第一希有功德
당지 시인성취 제일희유공덕

世尊 是實相者 則是非相 是故 如來說 名實相
세존 시실상자 즉시비상 시고 여래설 명실상

14. 집착을 떠난 것 이를 일러 '부처님'이라 한다

이때 수보리가 이 경의 가르침을 듣고 그 뜻을 깊이 깨닫고는 벅찬 감동의 눈물을 흘리면서 부처님께 사뢰었다.

"경이롭고 희유하십니다, 세존이시여. 부처님께서 이처럼 뜻이 깊은 경전을 말씀하시는 것을 제가 예전에 얻은 지혜의 눈으로도 일찍이 듣고 본 적이 없습니다.

세존이시여, 어떤 사람이 이 가르침을 듣고 맑은 믿음을 낸다면 참다운 모습을 알게 되니, 마땅히 이 사람은 이 세상에서 으뜸가는 경이롭고 희유한 공덕을 성취한 줄 알아야 합니다.

세존이시여, 이 가르침의 '참다운 모습'이란 곧 '어떤 실체가 있는 모습'이 아니니, 이런 까닭으로 여래께서는 '참다운 모습'이라 말씀하시는 것입니다."

世尊 我今得聞 如是經典 信解受持 不足爲難
세존 아금득문 여시경전 신해수지 부족위난

若當來世 後五百歲
약당래세 후오백세

其有衆生 得聞是經 信解受持 是人 則爲第一希有
기유중생 득문시경 신해수지 시인 즉위제일희유

何以故 此人 無我相 無人相 無衆生相 無壽者相
하이고 차인 무아상 무인상 무중생상 무수자상

所以者何
소이자하

我相 卽是非相 人相 衆生相 壽者相 卽是非相
아상 즉시비상 인상 중생상 수자상 즉시비상

何以故
하이고

離一切諸相 則名諸佛
이일체제상 즉명제불

74

"세존이시여, 제가 지금 이 경전의 가르침을 듣고서 그대로 믿고 알아 받아 지니는 것은 그리 어려운 일이 아닙니다. 그러나 뒷날 오백년이 지난 후에 어떤 중생이 이 가르침을 듣고서 믿고 알아 받아 지닌다면, 이 사람은 세상에서 가장 경이롭고 희유한 사람이 될 것입니다.

왜냐하면 이 사람은 '나라는 모습, 남이라는 모습, 나와 남들이 어울려 생겨나는 우리 중생이라는 모습, 또는 이들 모두의 생명이 영원할 것이라는 모습'에 집착하지 않기 때문입니다.

무슨 말인가 하면, '나라는 모습'은 어떤 실체가 있는 나라는 모습이 아니요, '남이라는 모습, 나와 남들이 어울려 생겨나는 우리 중생이라는 모습, 또는 이들 모두의 생명이 영원할 것이라는 모습' 그 어느 것도 곧 어떤 실체가 있는 모습이 아니기 때문입니다.

왜냐하면 온갖 모습에 대한 집착을 떠난 것 이를 일러 '부처님'이라 부르기 때문입니다."

佛告　須菩提
불고　수보리

如是如是　若復有人　得聞是經　不驚　不怖　不畏
여시여시　약부유인　득문시경　불경　불포　불외

當知　是人　甚爲希有
당지　시인　심위희유

何以故　須菩提
하이고　수보리

如來說　第一波羅蜜　則非第一波羅蜜　是名第一波羅蜜
여래설　제일바라밀　즉비제일바라밀　시명제일바라밀

須菩提
수보리

忍辱波羅蜜　如來說　非忍辱波羅蜜　是名忍辱波羅蜜
인욕바라밀　여래설　비인욕바라밀　시명인욕바라밀

何以故　須菩提　如我昔爲歌利王　割截身體
하이고　수보리　여아석위가리왕　할절신체

我於爾時　無我相　無人相　無衆生相　無壽者相
아어이시　무아상　무인상　무중생상　무수자상

부처님께서 수보리에게 말씀하셨다.

"맞다, 맞는 말이다. 어떤 사람이 이 가르침을 듣고서 놀라거나 두려워하지 않고 멀리하지 않는다면 이 사람은 참으로 경이롭고 희유한 사람인 줄 알아야 하느니라.

왜냐하면 수보리야, 여래께서 말씀하신 '깨달음으로 가는 최상의 방편'은 어떤 실체가 있어 '깨달음으로 가는 최상의 방편'이라 하는 것이 아니므로, 이를 일러 '깨달음으로 가는 최상의 방편'이라고 하기 때문이다.

수보리야, '깨달음으로 가는 인욕'도 여래께서 어떤 실체가 있어 참아야 하는 '깨달음으로 가는 인욕'이 아니라고 말씀하시므로 이를 일러 '깨달음으로 가는 인욕'이라고 하느니라. 무슨 까닭이겠느냐, 수보리야. 옛날 가리왕이 예리한 칼로 나의 몸을 잘라서 토막 낼 때, 그때 나는 '나라는 모습, 남이라는 모습, 나와 남들이 어울려 생겨나는 우리 중생이라는 모습, 또는 이들 모두의 생명이 영원할 것이라는 모습'에 집착하지 않았기 때문이다."

何以故
하이고

我於往昔　節節支解時
아어왕석　절절지해시

若有　我相　人相　衆生相　壽者相
약유　아상　인상　중생상　수자상

應生嗔恨
응생진한

須菩提　又念過去　於五百世　作忍辱仙人
수보리　우념과거　어오백세　작인욕선인

於爾所世　無我相　無人相　無衆生相　無壽者相
어이소세　무아상　무인상　무중생상　무수자상

是故　須菩提
시고　수보리

菩薩　應離一切相　發阿耨多羅三藐三菩提心
보살　응리일체상　발아뇩다라삼먁삼보리심

"무슨 말인고 하면,

내 몸이 마디마디 사지가 찢길 때에 '나라는 모습에 집착하고, 남이라는 모습에 집착하며, 나와 남들이 어울려 생겨나는 우리 중생이라는 모습에 집착하고, 또는 이들 모두의 생명이 영원할 것이라는 모습에 집착하는 것'이 있었다면,

반드시 나는 가리왕에게 성내고 원망하는 마음을 냈을 것이기 때문이다.

수보리야, 또 과거 오백세에 인욕선인으로 살던 일을 생각하니 그때 세상에서도 나는 '나라는 모습, 남이라는 모습, 나와 남들이 어울려 생겨나는 우리 중생이라는 모습, 또는 이들 모두의 생명이 영원할 것이라는 모습'에 집착이 없었다.

그러므로 수보리야, 보살은 온갖 허망한 모습을 떠나 '더할 나위 없이 높고도 올바른 깨달음'을 얻고자 마음을 내야 한다."

不應住色生心
불응주색생심

不應住聲香味觸法生心　應生無所住心
불응주성향미촉법생심　응생무소주심

若心有住　則爲非住
약심유주　즉위비주

是故　佛說　菩薩　心不應住色布施
시고　불설　보살　심불응주색보시

須菩提　菩薩　爲利益一切衆生　應如是布施
수보리　보살　위이익일체중생　응여시보시

如來說　一切諸相　卽是非相
여래설　일체제상　즉시비상

又說　一切衆生　卽非衆生
우설　일체중생　즉비중생

"형색에 얽매이지 말고 소리·냄새·맛·촉감·마음의 대상에도 얽매이지 않아 반드시 그 어디에도 집착하지 않는 마음을 내야 한다.

만약 마음이 어떤 대상에 얽매여 있다면 이는 곧 보살이 머무를 곳이 아니기 때문이다.

이런 까닭에 부처님께서 '보살은 형색에 집착하여 보시해서는 안 된다.'라고 말씀하시느니라.

수보리야, 보살은 모든 중생을 이롭게 하기 위하여 이처럼 보시해야 하느니라.

여래께서는 '온갖 모습도 곧 어떤 모습이라고 할 실체가 있는 것이 아니다.' 하고, 또 '모든 중생도 곧 중생이라고 할 어떤 실체가 있는 것이 아니다.'라고 말씀하셨다."

須菩提　如來　是眞語者　實語者　如語者　不誑語者
수보리　여래　시진어자　실어자　여어자　불광어자

不異語者　須菩提　如來所得法　此法　無實無虛
불이어자　수보리　여래소득법　차법　무실무허

須菩提　若菩薩　心住於法　而行布施　如人入闇　則無
수보리　약보살　심주어법　이행보시　여인입암　즉무

所見　若菩薩　心不住法而行布施　如人有目　日光明
소견　약보살　심부주법이행보시　여인유목　일광명

照　見種種色
조　견종종색

須菩提　當來之世　若有　善男子　善女人　能於此經　受
수보리　당래지세　약유　선남자　선여인　능어차경　수

持讀誦　則爲如來　以佛智慧　悉知是人　悉見是人　皆
지독송　즉위여래　이불지혜　실지시인　실견시인　개

得成就　無量無邊功德
득성취　무량무변공덕

"수보리야, 여래께서는 참말을 하시는 분이며, 알찬 말을 하시는 분이며, 있는 그대로의 말을 하시는 분이며, 속이지 않는 말을 하시는 분이며, 틀린 말을 하시지 않는 분이시다.

수보리야, 여래께서 깨달으신 법, 이 법은 참된 것도 아니요 헛된 것도 아니니라.

수보리야, 만약 보살이 어떤 대상에 집착하여 보시한다면, 이는 어둠 속에 들어가 아무것도 보지 못하는 것과 같다.

만약 보살이 어떤 대상에 집착하지 않고 보시한다면, 이는 눈 밝은 사람이 환한 대낮에 온갖 사물을 보는 것과 같으니라.

수보리야, 오는 세상에 선남자 선여인이 이 경을 받아 지녀 읽고 외운다면, 여래께서 깨달음의 지혜로 이 사람들을 다 알고 보시니, 이들 모두는 헤아릴 수 없이 많은 공덕을 성취할 것이니라."

15. 持經功德分

須菩提 若有 善男子 善女人 初日分 以恒河沙 等身
수보리 약유 선남자 선여인 초일분 이항하사 등신

布施 中日分 復以恒河沙 等身布施 後日分 亦以恒
보시 중일분 부이항하사 등신보시 후일분 역이항

河沙 等身布施 如是 無量百千萬億劫 以身布施
하사 등신보시 여시 무량백천만억겁 이신보시

若復有人 聞此經典 信心不逆 其福勝彼
약부유인 문차경전 신심불역 기복승피

何況 書寫 受持讀誦 爲人解說
하황 서사 수지독송 위인해설

須菩提 以要言之
수보리 이요언지

是經 有不可思議 不可稱量 無邊功德
시경 유불가사의 불가칭량 무변공덕

84

15. 이 가르침에는 많은 공덕이 있어

"수보리야, 어떤 선남자 선여인이 아침에 갠지스 강의 모래 알 수만큼이나 많은 몸을 바쳐 보시하고, 낮에 또 갠지스 강의 모래알 수만큼이나 많은 몸을 바쳐 보시하며, 다시 저녁에도 갠지스 강의 모래알 수만큼이나 많은 몸을 바쳐 보시하며, 이와 같이 헤아릴 수 없이 많은 세월에 걸쳐 자신의 몸을 바쳐 보시하여도,

만약 어떤 사람이 이 경전의 가르침을 듣고서 믿는 마음이 일어나 거스르지 않고 그대로 따른다면, 이 복덕은 헤아릴 수 없이 많은 세월에 걸쳐 자신의 몸을 바쳐 보시한 복덕보 다도 더 뛰어날 것인데, 하물며 이 경전을 쓰고 받아 지녀 읽고 외우면서 남을 위하여 그 뜻을 일러 주는 복덕이야 어찌 더 말할 필요가 있겠느냐.

수보리야, 요점을 말하자면 이 가르침에는 생각할 수도 없고 헤아릴 수도 없는 끝없이 많은 공덕이 있느니라."

如來　爲發大乘者說　爲發最上乘者說
여래　위발대승자설　위발최상승자설

若有人　能受持讀誦　廣爲人說
약유인　능수지독송　광위인설

如來　悉知是人　悉見是人
여래　실지시인　실견시인

皆得成就　不可量　不可稱　無有邊　不可思議功德
개득성취　불가량　불가칭　무유변　불가사의공덕

如是人等　則爲荷擔　如來阿耨多羅三藐三菩提
여시인등　즉위하담　여래아뇩다라삼먁삼보리

何以故　須菩提　若樂小法者　着我見　人見　衆生見
하이고　수보리　약요소법자　착아견　인견　중생견

壽者見　則於此經　不能　聽受讀誦　爲人解說
수자견　즉어차경　불능　청수독송　위인해설

"여래께서는 '모든 중생과 함께 깨달음으로 가는 공부'에 마음을 낸 사람들을 위하여 이 가르침을 설하셨으며, '부처님의 세상으로 가는 최상승의 길'에서 마음을 낸 사람들을 위하여 이 가르침을 설하셨기 때문이다.

만약 어떤 사람이 이 가르침을 받아 지녀 읽고 외우면서 널리 다른 사람들을 위하여 그 뜻을 일러 준다면, 여래께서는 이 사람들을 모두 알고 보시고 함께하시니, 이들 모두는 헤아릴 수 없고 그 끝을 알 수 없는 불가사의한 공덕을 성취할 것이니라. 이런 사람들은 여래의 '더할 나위 없이 높고도 올바른 깨달음'을 얻게 될 것이다.

왜냐하면 수보리야, 작은 것에 집착하여 좁은 소견을 지닌 사람들은 '나라는 생각에 집착하고, 남이라는 생각에 집착하며, 우리 중생이라는 생각에 집착하고, 또는 이들 모두의 생명이 영원할 것이라는 생각에 집착하고 있는 것'과 같으니, 이 경의 가르침을 듣고 받아 읽고 외워서 다른 사람들을 위하여 그 뜻을 일러 줄 수 없기 때문이다."

須菩提
수보리

在在處處 若有此經 一切世間 天人 阿修羅 所應供養
재재처처 약유차경 일체세간 천인 아수라 소응공양

當知　此處　則爲是塔
당지　차처　즉위시탑

皆應恭敬　作禮圍遶　以諸華香　而散其處
개응공경　작례위요　이제화향　이산기처

"수보리야, 이 경전이 있는 곳은 어디든지, 온갖 세간에 있는 하늘의 신과 인간과 아수라가 이 가르침을 받들어 공양을 올릴 것이다.

마땅히 이곳을 부처님이 계시는 탑전으로 알고 공양하며 예를 올리면서 온갖 꽃과 향으로써 아름답게 장엄해야 하느니라."

16. 能淨業障分

復次　須菩提　善男子　善女人　受持讀誦　此經
부차　수보리　선남자　선여인　수지독송　차경

若爲人輕賤
약위인경천

是人　先世罪業　應墮惡道　以今世人輕賤故
시인　선세죄업　응타악도　이금세인경천고

先世罪業　則爲消滅　當得阿耨多羅三藐三菩提
선세죄업　즉위소멸　당득아뇩다라삼먁삼보리

須菩提　我念過去　無量阿僧祇劫
수보리　아념과거　무량아승지겁

於燃燈佛前　得値　八百四千萬億　那由他諸佛
어연등불전　득치　팔백사천만억　나유타제불

悉皆供養　承事無空過者
실개공양　승사무공과자

16. 전생에 지은 죄업이 소멸되고

"또한 수보리야, 이 경을 받아 지녀 읽고 외우는 선남자 선여인이 만약 다른 사람들에게 업신여김과 천대를 받는다면,

이 사람은 전생에 지은 죄업으로는 지옥 아귀 축생계로 떨어져야 하겠지만,

금생에 다른 사람들이 업신여기고 천대하였으므로 이 일로 전생에 지은 죄업이 소멸되어 높고도 올바른 깨달음을 얻게 되리라."

"수보리야, 내가 과거 헤아릴 수 없이 많은 세월을 생각해 보니, 불꽃처럼 빛나는 연등 부처님을 만나 뵙기 전에도, 팔백사천만억 상상할 수도 없이 많은 부처님을 만나 그 부처님을 모두 다 공양하고 섬겼기에 헛되이 보낸 세월이 없었느니라."

若復有人　於後末世　能受持讀誦　此經　所得功德
약부유인　어후말세　능수지독송　차경　소득공덕

於我所供養　諸佛功德　百分不及一　千萬億分　乃至
어아소공양　제불공덕　백분불급일　천만억분　내지

算數譬喩　所不能及
산수비유　소불능급

須菩提　若善男子　善女人
수보리　약선남자　선여인

於後末世　有受持讀誦　此經所得功德　我若具說者
어후말세　유수지독송　차경소득공덕　아약구설자

或有人聞　心則狂亂　狐疑不信
혹유인문　심즉광란　호의불신

須菩提　當知
수보리　당지

是經義　不可思議　果報　亦不可思議
시경의　불가사의　과보　역불가사의

"만약 뒷날 부처님의 법이 쇠퇴할 때 어떤 사람이 이 경을 받아 지녀 읽고 외운다면, 이 사람이 얻는 공덕에 비해 내가 모든 부처님께 공양 올린 공덕은 그 백분의 일에도 미치지 못하고, 천만억분의 일에도 미치지 못하며, 더 나아가 어떤 숫자로 셈하거나 비유하더라도 미칠 수가 없느니라."

"수보리야, 만약 선남자 선여인이 뒷날 부처님의 법이 쇠퇴할 때 이 경을 받아 지녀 읽고 외워서 얻는 공덕을 내가 모두 상세히 말한다면,

혹 어떤 사람들은 그 말을 듣고는 이해가 안 되어 마음이 몹시 어지러워 의심하며 믿지 않을 것이다.

수보리야, 마땅히 알아야 한다. 이 경의 뜻은 불가사의하며, 그 과보 또한 불가사의한 것이니라."

17. 究竟無我分

爾時 須菩提 白佛言
이시 수보리 백불언

世尊 善男子 善女人 發阿耨多羅三藐三菩提心
세존 선남자 선여인 발아뇩다라삼먁삼보리심

云何應住 云何降伏其心
운하응주 운하항복기심

佛告 須菩提
불고 수보리

若善男子 善女人 發阿耨多羅三藐三菩提心者
약선남자 선여인 발아뇩다라삼먁삼보리심자

當生如是心 我應滅度 一切衆生
당생여시심 아응멸도 일체중생

滅度一切衆生已 而無有一衆生 實滅度者
멸도일체중생이 이무유일중생 실멸도자

그때 장로 수보리가 부처님께 사뢰어 물었다.

"세존이시여, '더할 나위 없이 높고도 올바른 깨달음'을 얻고자 마음을 낸 선남자 선여인은 어떻게 살아야 하며 어떻게 마음을 다스려야 합니까?"

부처님께서 장로 수보리에게 일러 말씀하셨다.

"만약 선남자 선여인이 '더할 나위 없이 높고도 올바른 깨달음'을 얻고자 한다면 이와 같은 마음을 내야 하니, '나는 온갖 중생을 남김없이 제도해야 하지만, 모든 중생을 남김없이 제도하고 나면 실로 제도한 중생은 하나도 없다.' 는 마음을 내어야 한다."

何以故　須菩提
하이고　수보리

若菩薩　有我相　人相　衆生相　壽者相　則非菩薩
약보살　유아상　인상　중생상　수자상　즉비보살

所以者何　須菩提
소이자하　수보리

實無有法　發阿耨多羅三藐三菩提心者
실무유법　발아뇩다라삼먁삼보리심자

須菩提　於意云何　如來　於燃燈佛所
수보리　어의운하　여래　어연등불소

有法　得阿耨多羅三藐三菩提不
유법　득아뇩다라삼먁삼보리부

不也　世尊　如我解　佛所說義
불야　세존　여아해　불소설의

佛　於燃燈佛所　無有法　得阿耨多羅三藐三菩提
불　어연등불소　무유법　득아뇩다라삼먁삼보리

96

"무엇 때문이겠느냐 수보리야.

만약 보살이 '나라는 모습에 집착하고, 남이라는 모습에 집착하며, 나와 남들이 어울려 생겨나는 우리 중생이라는 모습에 집착하고, 또는 이들 모두의 생명이 영원할 것이라는 모습에 집착하는 것'이라면 이는 보살이 아니기 때문이니,

왜냐하면 수보리야, 실로 '깨달음을 얻게 할 법'이란 없기 때문이다.

수보리야 그대는 어떻게 생각하느냐? 여래께서 불꽃처럼 빛나는 연등 부처님 처소에 계실 때에 '올바른 깨달음이란 법'을 얻은 것이 있겠느냐?"

"아닙니다, 세존이시여. 제가 부처님께서 말씀하신 뜻을 이해하기로는 부처님께서 불꽃처럼 빛나는 연등 부처님의 처소에서 '올바른 깨달음이란 법'을 얻은 것이 없습니다."

佛言　如是如是　須菩提
불언　여시여시　수보리

實無有法　如來　得阿耨多羅三藐三菩提
실무유법　여래　득아뇩다라삼먁삼보리

須菩提　若有法　如來　得阿耨多羅三藐三菩提者
수보리　약유법　여래　득아뇩다라삼먁삼보리자

燃燈佛　則不與我授記
연등불　즉불여아수기

汝於來世　當得作佛　號釋迦牟尼
여어내세　당득작불　호석가모니

以實無有法　得阿耨多羅三藐三菩提　是故　燃燈佛
이실무유법　득아뇩다라삼먁삼보리　시고　연등불

與我授記　作是言　汝於來世　當得作佛　號釋迦牟尼
여아수기　작시언　여어내세　당득작불　호석가모니

何以故　如來者　卽諸法如義
하이고　여래자　즉제법여의

부처님께서 말씀하셨다.

"맞다, 맞는 소리이다, 수보리야. 실로 어떤 법이 있어 여래께서 '더할 나위 없이 높고도 올바른 깨달음'을 얻은 것이 아니니라.

수보리야, 만약 여래께서 '더할 나위 없이 높고도 올바른 깨달음'을 어떤 실체가 있는 법으로써 얻은 것이라면, 불꽃처럼 빛나는 연등 부처님께서 나에게 '그대는 오는 세상에 부처님이 되어 석가모니라 불릴 것이다.'라는 수기를 주시지 않았을 것이다.

실로 얻을 '더할 나위 없이 높고도 올바른 깨달음'이란 어떤 법도 없는 것이니, 이런 까닭에 불꽃처럼 빛나는 연등 부처님께서 나에게 '그대는 오는 세상에 부처님이 되어 석가모니라 불릴 것이다.' 말씀하시면서 수기를 주신 것이다.

왜냐하면 여래란 곧 모든 것이 모자라거나 남음이 없이 있는 그대로 여여如如하다는 뜻이기 때문이다."

若有人言 如來 得阿耨多羅三藐三菩提
약유인언 여래 득아뇩다라삼먁삼보리

須菩提 實無有法 佛得阿耨多羅三藐三菩提
수보리 실무유법 불득아뇩다라삼먁삼보리

須菩提 如來所得 阿耨多羅三藐三菩提
수보리 여래소득 아뇩다라삼먁삼보리

於是中 無實無虛 是故 如來 說一切法 皆是佛法
어시중 무실무허 시고 여래 설일체법 개시불법

須菩提 所言一切法者 卽非一切法 是故 名一切法
수보리 소언일체법자 즉비일체법 시고 명일체법

須菩提 譬如人身長大
수보리 비여인신장대

須菩提言 世尊 如來說
수보리언 세존 여래설

人身長大 卽爲非大身 是名大身
인신장대 즉위비대신 시명대신

"만약 어떤 사람이 '여래께서 더할 나위 없이 높고도 올바른 깨달음을 얻었다.'고 말하여도, 수보리야, 실로 부처님께서 얻은 깨달음이라고 할 어떤 법도 없느니라.

수보리야, 여래께서 얻은 '더할 나위 없이 높고도 올바른 깨달음'은 참된 것도 아니요 헛된 것도 아니다. 이런 까닭에 여래께서는 모든 법이 다 부처님의 법이라고 하느니라.

수보리야, 모든 법은 곧 모두 실체가 있는 법이 아니므로, 이를 일러 모든 법이라 한다.

수보리야, 비유하면 사람의 몸이 참으로 큰 것과 같으니라."

장로 수보리가 부처님께 사뢰어 말하였다.

"세존이시여, 여래께서 사람의 몸이 참으로 크다고 말씀하시는 것은, 곧 어떤 실물로 나타나는 큰 몸이 아니기 때문에, 이를 일러 큰 몸이라 하는 것입니다."

須菩提　菩薩　亦如是
수보리　보살　역여시

若作是言　我當滅度　無量衆生　則不名菩薩
약작시언　아당멸도　무량중생　즉불명보살

何以故　須菩提　實無有法　名爲菩薩
하이고　수보리　실무유법　명위보살

是故　佛說一切法　無我　無人　無衆生　無壽者
시고　불설일체법　무아　무인　무중생　무수자

須菩提　若菩薩　作是言　我當　莊嚴佛土　是不名菩薩
수보리　약보살　작시언　아당　장엄불토　시불명보살

何以故　如來說　莊嚴佛土者　卽非莊嚴　是名莊嚴
하이고　여래설　장엄불토자　즉비장엄　시명장엄

須菩提　若菩薩　通達無我法者　如來說名　眞是菩薩
수보리　약보살　통달무아법자　여래설명　진시보살

"수보리야, 보살 또한 이와 같아서 만약 '내가 헤아릴 수 없이 많은 중생들을 남김없이 제도하리라.' 말한다면, 곧 이는 보살이라 할 수 없다. 왜냐하면 수보리야, 실로 보살이라고 할 어떤 법도 없기 때문에 이를 일러 보살이라 한다.

이런 까닭에 부처님께서는 '모든 법에는 나라고 집착할 것이 없고, 남이라고 집착할 것이 없으며, 나와 남들이 어울려 생겨나는 우리 중생이라고 집착할 것이 없고, 이들 모두의 생명이 영원할 것이라고 집착할 것이 없다.'고 말씀하신다."

"수보리야, 보살이 만약 '내가 부처님의 국토를 장엄하리라.' 말한다면 이를 일러 보살이라 할 수 없다. 왜냐하면 여래께서 '부처님의 국토를 장엄하리라.' 말씀하신 것은 곧 어떤 실물로 장엄하는 것이 아니므로 이를 일러 장엄이라 하기 때문이다.

수보리야, 만약 보살이 '고정된 나라는 실체가 없어 집착할 어떤 법도 없다.'라는 이치에 통달하였다면, 여래께서는 이를 일러 참다운 보살이라고 말씀하시느니라."

18. 一體同觀分

須菩提 於意云何 如來 有肉眼不
수보리 어의운하 여래 유육안부

如是 世尊 如來 有肉眼
여시 세존 여래 유육안

須菩提 於意云何 如來 有天眼不
수보리 어의운하 여래 유천안부

如是 世尊 如來 有天眼
여시 세존 여래 유천안

須菩提 於意云何 如來 有慧眼不
수보리 어의운하 여래 유혜안부

如是 世尊 如來 有慧眼
여시 세존 여래 유혜안

104

18. 과거 현재 미래의 마음은 얻을 수 없다

"수보리야, 그대는 어떻게 생각하느냐?
여래에게 '육신의 눈'이 있겠느냐?"

"그렇습니다, 세존이시여.
여래에게는 '육신의 눈'이 있습니다."

"수보리야, 그대는 어떻게 생각하느냐?
여래에게 '하늘의 눈'이 있겠느냐?"

"그렇습니다, 세존이시여.
여래에게는 '하늘의 눈'이 있습니다."

"수보리야, 그대는 어떻게 생각하느냐?
여래에게 '지혜의 눈'이 있겠느냐?"

"그렇습니다, 세존이시여.
여래에게는 '지혜의 눈'이 있습니다."

須菩提 於意云何 如來 有法眼不
수보리 어의운하 여래 유법안부

如是 世尊 如來 有法眼
여시 세존 여래 유법안

須菩提 於意云何 如來 有佛眼不
수보리 어의운하 여래 유불안부

如是 世尊 如來 有佛眼
여시 세존 여래 유불안

須菩提 於意云何 如恒河中所有沙 佛說 是沙不
수보리 어의운하 여항하중소유사 불설 시사부

如是 世尊 如來說 是沙
여시 세존 여래설 시사

"수보리야, 그대는 어떻게 생각하느냐?
여래에게 '법의 눈'이 있겠느냐?"

"그렇습니다, 세존이시여.
여래에게는 '법의 눈'이 있습니다."

"수보리야, 그대는 어떻게 생각하느냐?
여래에게 '부처님의 눈'이 있겠느냐?"

"그렇습니다, 세존이시여.
여래에게는 '부처님의 눈'이 있습니다."

"수보리야, 그대는 어떻게 생각하느냐?
저 갠지스 강에 있는 모든 모래알에 대해 부처님께서 말씀
하신 적이 있었느냐?"

"그렇습니다, 세존이시여.
여래께서는 저 갠지스 강에 있는 모래알에 대해 말씀하신
적이 있습니다."

須菩提　於意云何
수보리　어의운하

如一恒河中　所有沙有　如是沙等恒河
여일항하중　소유사유　여시사등항하

是諸恒河　所有沙數　佛世界　如是　寧爲多不
시제항하　소유사수　불세계　여시　영위다부

甚多　世尊
심다　세존

佛告　須菩提
불고　수보리

爾所國土中　所有衆生　若干種心　如來悉知
이소국토중　소유중생　약간종심　여래실지

何以故　如來說　諸心　皆爲非心　是名爲心
하이고　여래설　제심　개위비심　시명위심

所以者何　須菩提
소이자하　수보리

過去心不可得　現在心不可得　未來心不可得
과거심불가득　현재심불가득　미래심불가득

"수보리야, 그대는 어떻게 생각하느냐? 저 갠지스 강에 있는 모든 모래알 수만큼 많은 갠지스 강이 있고 또 그 모든 갠지스 강에 있는 모든 모래알 수만큼 많은 부처님의 세계가 있다면 이를 많다고 할 수 있겠느냐?"

"세존이시여, 참으로 많습니다."

부처님께서 장로 수보리에게 일러 말씀하셨다.

"저 국토 가운데 있는 모든 중생의 마음 하나하나를 여래께서는 낱낱이 다 아신다.

왜냐하면 여래께서 말씀하신 온갖 마음은 모두 실체가 있는 마음이 아니므로, 이를 일러 마음이라 하기 때문이다.

왜 그런가 하면 수보리야, 지나간 마음은 이미 없어져 얻을 수 없고, 현재의 마음은 잠시도 머물지 않아 얻을 수 없으며, 미래의 마음은 아직 오지를 않아 얻을 수 없기 때문이니라."

19. 法界通化分

須菩提 於意云何
수보리 어의운하

若有人 滿三千大千世界七寶 以用布施
약유인 만삼천대천세계칠보 이용보시

是人 以是因緣 得福多不
시인 이시인연 득복다부

如是 世尊 此人 以是因緣 得福甚多
여시 세존 차인 이시인연 득복심다

須菩提 若福德有實 如來 不說 得福德多
수보리 약복덕유실 여래 불설 득복덕다

以福德 無故 如來說 得福德多
이복덕 무고 여래설 득복덕다

"수보리야, 그대는 어떻게 생각하느냐? 만약 어떤 사람이 있어 삼천대천세계를 일곱 가지 보배로 가득 채워 다른 사람들에게 베푼다면 이 사람은 이 인연으로 얻게 되는 복덕이 많겠느냐?"

"그렇습니다, 세존이시여. 이 사람은 이 인연으로 얻게 되는 복덕이 참으로 많습니다."

"수보리야, 만약 복덕이 실제로 있는 것이라면 여래께서는 복덕이 많다고 말씀하지 않았을 것이다.

복덕의 실체가 없는 까닭에 여래께서 복덕이 많다고 말씀하신 것이니라."

20. 離色離相分

須菩提　於意云何　佛　可以具足色身　見不
수보리　어의운하　불　가이구족색신　견부

不也　世尊　如來　不應　以具足色身　見
불야　세존　여래　불응　이구족색신　견

何以故　如來說
하이고　여래설

具足色身　卽非具足色身　是名具足色身
구족색신　즉비구족색신　시명구족색신

須菩提　於意云何　如來　可以具足諸相　見不
수보리　어의운하　여래　가이구족제상　견부

不也　世尊　如來　不應　以具足諸相　見
불야　세존　여래　불응　이구족제상　견

何以故　如來說　諸相具足　卽非具足　是名諸相具足
하이고　여래설　제상구족　즉비구족　시명제상구족

20. 몸과 형상을 떠나 있어야

"수보리야, 그대는 어떻게 생각하느냐? '뛰어나게 아름다운 몸'으로 부처님을 볼 수 있겠느냐?"

"아니요 그렇지 않습니다, 세존이시여. 여래를 '뛰어나게 아름다운 몸'으로는 볼 수 없습니다. 왜냐하면 여래께서 말씀하는 '뛰어나게 아름다운 몸'은 어떤 실물로 있는 '뛰어나게 아름다운 몸'이 아니므로, 이를 일러 '뛰어나게 아름다운 몸'이라 하기 때문입니다."

"수보리야, 그대는 어떻게 생각하느냐? 서른두 가지 뛰어난 모습을 다 갖춘 것으로 여래를 볼 수 있겠느냐?"

"아닙니다, 세존이시여. 서른두 가지 뛰어난 모습을 다 갖춘 것으로 여래를 볼 수 없습니다. 왜냐하면 여래께서 말씀하신 서른두 가지 뛰어난 모습을 다 갖춘다는 것은, 어떤 실물로 서른두 가지 뛰어난 모습을 다 갖춘 것이 아니므로, 이를 일러 서른두 가지 뛰어난 모습을 다 갖춘 것이라 하기 때문입니다."

21. 非說所說分

須菩提 汝 勿謂 如來 作是念 我當 有所說法
수보리 여 물위 여래 작시념 아당 유소설법

莫作是念 何以故 若人言 如來 有所說法 則爲謗佛
막작시념 하이고 약인언 여래 유소설법 즉위방불

不能解我所說故
불능해아소설고

須菩提 說法者 無法可說 是名說法
수보리 설법자 무법가설 시명설법

爾時 慧命須菩提 白佛言
이시 혜명수보리 백불언

世尊 頗有衆生 於未來世 聞說是法 生信心不
세존 파유중생 어미래세 문설시법 생신심부

佛言 須菩提 彼非衆生 非不衆生
불언 수보리 피비중생 비불중생

何以故 須菩提 衆生衆生者 如來 說非衆生 是名衆生
하이고 수보리 중생중생자 여래 설비중생 시명중생

"수보리야, 그대는 여래께서 '내가 설한 법이 있다.' 이렇게 생각한다고 짐작하여 말하지 말라.

이런 생각을 하지 말아야 하니, 왜냐하면 어떤 사람이 여래께서 말씀하신 법이 있다고 하면 이는 부처님을 비방하는 것이며, 내가 말한 것을 이해하지 못하고 있기 때문이다. 수보리야, 법을 설한다고 하는 것은 설할 만한 어떤 법도 없기에 이를 일러 법을 설한다고 하느니라."

그때 장로 수보리가 부처님께 사뢰어 말하였다.

"세존이시여, 오는 세상에서 중생들이 이 가르침을 듣고서 믿는 마음을 낼 수 있겠습니까?"

"수보리야, 그들은 '중생'이 아니며 '중생이 아닌 것'도 아니다. 무엇 때문이겠느냐, 수보리야. '중생중생'이라 하는 것은, 여래께서 '중생이 아닌 것', 이를 일러 '중생'이라 말씀하셨기 때문이니라."

22. 無法可得分

須菩提 白佛言
수보리 백불언

世尊 佛得 阿耨多羅三藐三菩提 爲無所得耶
세존 불득 아뇩다라삼먁삼보리 위무소득야

佛言
불언

如是 如是 須菩提 我 於阿耨多羅三藐三菩提 乃至
여시 여시 수보리 아 어아뇩다라삼먁삼보리 내지

無有少法可得 是名阿耨多羅三藐三菩提
무유소법가득 시명아뇩다라삼먁삼보리

22. 얻을 만한 어떤 법도 없다

장로 수보리가 부처님께 사뢰어 말하였다.

"세존이시여, 부처님께서 얻은 깨달음은 얻을 만한 어떤 법도 없는 것입니까?"

부처님께서 말씀하셨다.

"맞다, 맞는 말이다, 수보리야. 나는 깨달음에서 그 어떤 조그마한 법도 얻을만한 것이 없기 때문에, 이를 일러 '더할 나위 없이 높고도 올바른 깨달음'이라고 하느니라."

23. 淨心行善分

復次　須菩提
부차　수보리

是法平等　無有高下　是名阿耨多羅三藐三菩提
시법평등　무유고하　시명아뇩다라삼먁삼보리

以無我　無人　無衆生　無壽者
이무아　무인　무중생　무수자

修一切善法　則得阿耨多羅三藐三菩提
수일체선법　즉득아뇩다라삼먁삼보리

須菩提　所言善法者　如來說　卽非善法　是名善法
수보리　소언선법자　여래설　즉비선법　시명선법

23. 이 법은 평등하여 높고 낮은 것이 없으므로

"또한 수보리야, 이 법은 평등하여 높고 낮은 것이 없으므로 이를 일러 '더할 나위 없이 높고도 올바른 깨달음'이라고 한다.

'나라는 생각도 없고, 남이라는 생각도 없으며, 우리 중생이라는 생각도 없고, 이들 모두의 생명이 영원하리라는 생각'도 없이 온갖 좋은 법을 닦기 때문에 바로 '더할 나위 없이 높고도 올바른 깨달음'을 얻는다.

수보리야, 여기에서 말하는 좋은 법이란 여래께서 곧 어떤 실물로 나타나는 좋은 법이 아니라고 말씀하시므로, 이를 일러 좋은 법이라고 하느니라."

24. 福智無比分

須菩提
수보리

若三千大千世界中　所有　諸須彌山王
약삼천대천세계중　소유　제수미산왕

如是等　七寶聚　有人　持用布施
여시등　칠보취　유인　지용보시

若人　以此般若波羅蜜經　乃至　四句偈等
약인　이차반야바라밀경　내지　사구게등

受持讀誦　爲他人說　於前福德　百分不及一
수지독송　위타인설　어전복덕　백분불급일

百千萬億分　乃至　算數　譬喩　所不能及
백천만억분　내지　산수　비유　소불능급

24. 그 뜻을 일러 준 복덕에 비교한다면

"수보리야, 삼천대천세계에 있는 거대한 수미산들을 모두 합쳐 놓은 것만큼 많은 일곱 가지 보배더미를 어떤 사람이 가져다 보시하더라도,

만일 다른 어떤 사람이 이 금강경이나 이 가르침 속에 있는 네 구절의 게송만이라도 받아 지녀 읽고 외워서 남에게 그 뜻을 일러 준 복덕에 비교한다면,

이 복덕에 비해 일곱 가지 보배더미를 보시하는 복덕은 백 분의 일에도 미치지 못하고, 백천만억 분의 일에도 미치지 못하며, 어떤 숫자로도 셈할 수 없고 어떤 비유로도 이 복덕에는 미치지 못할 것이니라."

25. 化無所化分

須菩提 於意云何
수보리 어의운하

汝等 勿謂 如來 作是念 我當度衆生
여등 물위 여래 작시념 아당도중생

須菩提 莫作是念 何以故 實無有衆生 如來度者
수보리 막작시념 하이고 실무유중생 여래도자

若有衆生 如來度者 如來 則有我人衆生壽者
약유중생 여래도자 여래 즉유아인중생수자

須菩提 如來說 有我者 卽非有我 而凡夫之人
수보리 여래설 유아자 즉비유아 이범부지인

以爲有我
이위유아

須菩提 凡夫者 如來說 卽非凡夫 是名凡夫
수보리 범부자 여래설 즉비범부 시명범부

25. 여래께서는 제도할 어떤 중생도 없다

"수보리야 그대는 어떻게 생각하느냐? 그대들은 여래께서 '내가 중생을 제도하리라.' 이렇게 생각한다고, 짐작하여 말하지 말라.

수보리야, 이런 생각을 내지 말아야 하니 무엇 때문이겠느냐? 여래께서는 실로 한 중생도 제도할 중생이 없기 때문이다.

만약 여래께서 제도할 어떤 중생이 있다면 여래에게는 곧 '나라는 생각, 남이라는 생각, 우리 중생이라는 생각, 또는 이들 모두의 생명이 영원할 것이라는 생각'이 있는 것이다.

수보리야, 여래께서 '나'가 있다고 말씀하신 것은 곧 '어떤 고정된 실체로서 나'가 있다는 것이 아닌데도, 범부들은 '나'가 있다고 여기기 때문이니,
수보리야, 범부라는 것도 여래께서 어떤 실체가 있는 범부가 아니라고 말씀하시므로 이를 일러 범부라고 하느니라."

26. 法身非相分

須菩提 於意云何 可以三十二相 觀如來不
수보리 어의운하 가이삼십이상 관여래부

須菩提言 如是 如是 以三十二相 觀如來
수보리언 여시 여시 이삼십이상 관여래

佛言須菩提
불언수보리

若以三十二相 觀如來者 轉輪聖王 則是如來
약이삼십이상 관여래자 전륜성왕 즉시여래

須菩提白佛言世尊如我解佛所說義不應以三十二相
수보리백불언세존여아해불소설의불응이삼십이상

觀如來 爾時 世尊 而說偈言
관여래 이시 세존 이설게언

若以色見我 以音聲求我 是人行邪道 不能見如來
약이색견아 이음성구아 시인행사도 불능견여래

"수보리야, 그대는 어떻게 생각하느냐? '서른두 가지 뛰어난 모습'으로 여래를 볼 수 있겠느냐?"

"그렇습니다, 세존이시여. '서른두 가지 뛰어난 모습'으로 여래를 볼 수 있습니다."

"수보리야, '서른두 가지 뛰어난 모습'으로 여래를 볼 수 있다면 전륜성왕도 여래이겠구나."

"세존이시여, 제가 부처님께서 말씀하신 뜻을 이해하기로는 '서른두 가지 뛰어난 모습'만으로 여래를 볼 수 없습니다." 그때 세존께서 게송으로 말씀하셨다.

모습으로 부처님을 보려 하거나
소리로써 부처님을 찾으려 하면
이 사람은 잘못된 길 가는 것이니
부처님을 볼 수 있는 인연 없으리.

27. 無斷無滅分

須菩提　汝　若作是念
수보리　여　약작시념

如來　不以具足相故　得阿耨多羅三藐三菩提
여래　불이구족상고　득아뇩다라삼먁삼보리

須菩提　莫作是念
수보리　막작시념

如來　不以具足相故　得阿耨多羅三藐三菩提
여래　불이구족상고　득아뇩다라삼먁삼보리

須菩提　汝　若作是念
수보리　여　약작시념

發阿耨多羅三藐三菩提心者　說　諸法斷滅
발아뇩다라삼먁삼보리심자　설　제법단멸

莫作是念　何以故
막작시념　하이고

發阿耨多羅三藐三菩提心者　於法　不說　斷滅相
발아뇩다라삼먁삼보리심자　어법　불설　단멸상

126

"수보리야, 그대가 만약 '여래께서 뛰어나게 아름다운 모습을 다 갖추지 않았기 때문에 더할 나위 없이 높고도 올바른 깨달음을 얻었다.'고 짐작하여 생각하고 있다면,

수보리야, 그대는 '여래께서 뛰어나게 아름다운 모습을 다 갖추지 않았기 때문에 더할 나위 없이 높고도 올바른 깨달음을 얻었다.' 짐작하여 그렇게 생각하지 말라.

수보리야, 그대가 '더할 나위 없이 높고도 올바른 깨달음을 얻고자 마음을 낸 사람은 온갖 법이 없어져 끊어진다고 말한다.' 그리 짐작하여 생각하고 있다면,

수보리야, 그대는 짐작하여 그렇게 생각하지 말라. 왜냐하면 '더할 나위 없이 높고도 올바른 깨달음'을 얻고자 마음을 낸 사람은 어떤 법에서도 온갖 법이 끊어지고 사라진다는 모습을 말하지 않기 때문이다."

28. 不受不貪分

須菩提　若菩薩　以滿恒河沙等　世界七寶　持用布施
수보리　약보살　이만항하사등　세계칠보　지용보시

若復有人　知一切法　無我　得成於忍
약부유인　지일체법　무아　득성어인

此菩薩　勝前菩薩　所得功德
차보살　승전보살　소득공덕

何以故　須菩提　以諸菩薩　不受福德故
하이고　수보리　이제보살　불수복덕고

須菩提　白佛言　世尊　云何菩薩　不受福德
수보리　백불언　세존　운하보살　불수복덕

須菩提　菩薩　所作福德　不應貪着　是故　說　不受福德
수보리　보살　소작복덕　불응탐착　시고　설　불수복덕

"수보리야, 만약 보살이 갠지스 강 모래알 수만큼 많은
세계를 일곱 가지 보배로 가득 채워 남에게 베풀더라도,

어떤 사람이 '모든 법에 나의 것이라고 할 어떤 고정된
실체가 없음'을 알아 참다운 지혜를 성취하면 이 보살의
복덕은 일곱 가지 보배를 베풀어 얻는 복덕보다도 훨씬
뛰어날 것이니,

왜냐하면 수보리야,
이런 보살은 모두 복덕을 받지 않기 때문이니라."

"세존이시여,
어찌하여 보살이 복덕을 받지 않는다고 말씀하십니까?"

"수보리야, 보살은 복덕을 지을 뿐 그 복덕에 탐을 내지도
않고 집착하지도 않으니, 이런 까닭에 복덕을 받지 않는다
고 말하느니라."

29. 威儀寂靜分

須菩提
수보리

若有人言　如來　若來　若去　若坐　若臥
약유인언　여래　약래　약거　약좌　약와

是人不解　我所說義
시인불해　아소설의

何以故　如來者　無所從來　亦無所去　故名如來
하이고　여래자　무소종래　역무소거　고명여래

"수보리야, 어떤 사람이 '여래께서 오기도 하고 가기도 하며 앉기도 하고 눕기도 한다.'고 말한다면, 그 사람은 내가 말한 뜻을 알지 못한 것이다.

왜냐하면 여래란 오는 바도 없고 가는 바도 없기 때문이니, 이를 일러 여래라고 하느니라."

30. 一合理相分

須菩提
수보리

若善男子　善女人　以三千大千世界　碎爲微塵
약선남자　선여인　이삼천대천세계　쇄위미진

於意云何　是微塵衆　寧爲多不
어의운하　시미진중　영위다부

須菩提言　甚多　世尊
수보리언　심다　세존

何以故　若是微塵衆　實有者　佛則不說　是微塵衆
하이고　약시미진중　실유자　불즉불설　시미진중

所以者何　佛說　微塵衆　即非微塵衆　是名微塵衆
소이자하　불설　미진중　즉비미진중　시명미진중

世尊　如來所說　三千大千世界　即非世界　是名世界
세존　여래소설　삼천대천세계　즉비세계　시명세계

"수보리야, 선남자 선여인이 삼천대천세계를 부수어 미세한 티끌로 만든다면 그대는 어떻게 생각하느냐? 이 티끌들을 모아 놓은 것이 많지 않겠느냐?"

장로 수보리가 말하였다.

"참으로 많습니다, 세존이시여. 왜냐하면 이 티끌들을 모아 놓은 것이 실로 있는 것이라면 부처님께서는 이 티끌들을 모아 놓은 것이라고 말씀하지 않으셨을 것이기 때문입니다.

왜 그런가 하면 티끌들을 모아 놓은 것이라고 부처님께서 말씀하신 것은, 어떤 실물로 있는 티끌들을 모아 놓은 것이 아니므로 이를 일러 티끌들을 모아 놓은 것이라고 하는 것입니다.

세존이시여, 여래께서 말씀하신 삼천대천세계는 곧 실물로 있는 세계가 아니므로 이를 일러 세계라고 하는 것입니다."

何以故　若世界　實有者　則是一合相
하이고　약세계　실유자　즉시일합상

如來說　一合相　卽非一合相　是名一合相
여래설　일합상　즉비일합상　시명일합상

須菩提　一合相者　則是不可說　但凡夫之人　貪着其事
수보리　일합상자　즉시불가설　단범부지인　탐착기사

"왜냐하면 세계가 실물로 있는 것이라면 곧 '하나로 합쳐진 모습'에 집착하는 것이 있겠지만, 여래께서 말씀하신 '하나로 합쳐진 모습'은 곧 어떤 실물로써 '하나로 합쳐진 모습'이 아니므로 이를 일러 '하나로 합쳐진 모습'이라 하는 것입니다."

부처님께서 말씀하셨다.

"수보리야, '하나로 합쳐진 모습'이란 말할 수 있는 것이 아닌데도 다만 범부들이 그 현상을 탐내고 집착할 뿐이니라."

31. 知見不生分

須菩提
수보리

若人言　佛說　我見　人見　衆生見　壽者見
약인언　불설　아견　인견　중생견　수자견

須菩提　於意云何　是人　解我所說義不
수보리　어의운하　시인　해아소설의부

不也　世尊　是人　不解　如來所說義
불야　세존　시인　불해　여래소설의

何以故　世尊說　我見　人見　衆生見　壽者見
하이고　세존설　아견　인견　중생견　수자견

卽非我見　人見　衆生見　壽者見
즉비아견　인견　중생견　수자견

是名我見　人見　衆生見　壽者見
시명아견　인견　중생견　수자견

"수보리야, 만약 어떤 사람이 '부처님께서 나라는 생각, 남이라는 생각, 우리 중생이라는 생각, 또는 이들 모두의 생명이 영원할 것이라는 생각을 말씀하셨다.' 하면,

수보리야, 그대는 어떻게 생각하느냐? 이 사람은 내가 말한 뜻을 알고 있겠느냐?"

"그렇지 않습니다, 세존이시여. 이 사람은 여래께서 말씀하신 뜻을 알고 있지 못합니다.

왜냐하면 세존께서 말씀하신 '나라는 생각, 남이라는 생각, 우리 중생이라는 생각, 이들 모두의 생명이 영원할 것이라는 생각'은, 곧 '나라는 생각, 남이라는 생각, 우리 중생이라는 생각, 이들 모두의 생명이 영원할 것이라는 생각'이 아니므로, 이를 일러 '나라는 생각, 남이라는 생각, 우리 중생이라는 생각, 이들 모두의 생명이 영원할 것이라는 생각'이라 하는 것입니다."

須菩提　發阿耨多羅三藐三菩提心者
수보리　발아뇩다라삼먁삼보리심자

於一切法　應如是知　如是見　如是信解　不生法相
어일체법　응여시지　여시견　여시신해　불생법상

須菩提　所言法相者　如來說　卽非法相　是名法相
수보리　소언법상자　여래설　즉비법상　시명법상

"수보리야, '더할 나위 없이 높고도 올바른 깨달음'을 얻고 자 마음을 낸 사람은,

모든 법에 대해 이와 같이 알아야 하고 이와 같이 보아야 하며 이와 같이 믿고 이해하여 '법의 어떤 모습'에도 집착하는 마음을 내지 않아야 한다.

수보리야, 여기서 말하는 '법의 어떤 모습'이란 여래께서 '법의 어떤 모습에도 실체가 있는 것이 아니다.'라고 말씀하시니 이를 일러 '법의 어떤 모습'이라고 하느니라."

32. 應化非眞分

須菩提 若有人 以滿無量阿僧祇 世界七寶 持用布施
수보리 약유인 이만무량아승지 세계칠보 지용보시

若有善男子 善女人 發菩薩心者
약유선남자 선여인 발보살심자

持於此經 乃至 四句偈等 受持讀誦 爲人演說
지어차경 내지 사구게등 수지독송 위인연설

其福勝彼
기복승피

云何 爲人演說
운하 위인연설

不取於相 如如不動
불취어상 여여부동

何以故
하이고

"수보리야, 어떤 사람이 헤아릴 수 없이 많은 세계에 일곱 가지 보배를 가득 채워 남에게 베풀더라도,

선남자 선여인이 보살의 마음을 내어 이 경이나 이 가르침 속에 있는 네 구절의 게송만이라도 받아 지녀 읽고 외우면서 다른 사람을 위하여 그 뜻을 일러 준다면,

이 복덕이 일곱 가지 보배로 베푼 복덕보다도 훨씬 더 뛰어날 것이니라.

어떻게 다른 사람을 위하여 그 뜻을 일러 줄 것인가.

어떤 모습도 취하지 않아야 본디 마음이 여여하여 흔들리지 않으니, 무엇 때문이겠느냐? 게송으로 말하겠다."

一切有爲法　如夢幻泡影
일체유위법　여몽환포영

如露亦如電　應作如是觀
여로역여전　응작여시관

佛說是經已
불설시경이

長老須菩提　及諸比丘　比丘尼　優婆塞　優婆夷
장로수보리　급제비구　비구니　우바새　우바이

一切世間　天人　阿修羅　聞佛所說　皆大歡喜　信受奉行
일체세간　천인　아수라　문불소설　개대환희　신수봉행

집착하는 모든 현실 꿈과 같으며
그림자나 허깨비와 물거품 같고
아침이슬, 번개처럼 사라지는 것
이와 같은 그 실상을 보아야 한다.

부처님께서 이 경전을 설해 마치시니, 장로 수보리와 모든 비구 비구니 우바새 우바이들, 온갖 세간에 있는 하늘의 신들과 인간 아수라 등이 부처님의 가르침을 듣고 모두 크게 기뻐하며 이를 믿고 받들어 실천하였습니다.

원순 스님

해인사 백련암에서 성철 스님을 은사로 모시고 출가. 해인사·송광사·봉암사 등 제방선원에서 정진.
『禪 스승의 편지』『선요』『한글원각경』『육조단경』『몽산법어』『선가귀감』을 강설한 『선수행의 길잡이』등
다수의 불서를 펴냈으며 난해한 원효 스님의 『대승기신론 소·별기』를 『큰 믿음을 일으키는 글』로
풀이하는 등 경전과 어록을 알기 쉽게 우리말로 옮긴 공로로 2003년도에는 행원문화상 역경부문을 수상하였다.
현재 조계종 기본선원에서 어록을 강의하는 교선사敎禪師이며 조계종 교재편찬위원을 역임하였다.

우리말 금강반야바라밀경

초판 발행 | 2010년 5월 8일
초판 6쇄 | 2024년 8월 4일
펴낸이 | 열린마음
풀어쓴이 | 원순

펴낸곳 | 도서출판 법공양
등록 | 1999년 2월 2일·제1-a2441
주소 | 13150 서울시 종로구 수송동
두산위브파빌리온 836호
전화 | 02-734-9428·011-442-5592
팩스 | 02-6008-7024
이메일 | dharmabooks@chol.com

ⓒ 원순, 2024
ISBN 978-89-89602-48-4

값 10,000원

부처님의 가르침을 올바르게 _ 도서출판 법공양